TECNOLOGÍA HASGRAPH. EL FUTURO.

Stefan Villalta

¿Puede hashgraph tener éxito frente a blockchain como la tecnología de elección para las criptomonedas?

Este nuevo algoritmo de consenso también tiene una arquitectura de igual a igual, pero rectifica las fallas genéticas de su antigua cadena de bloques de hermanos, como la latencia, el desperdicio de energía, los gastos y la prueba de trabajo.

Blockchain, la tecnología subyacente de las criptomonedas como Bitcoin, podría estar desapareciendo.

Es la tecnología de la cadena de bloques que hace que las monedas virtuales sean resistentes al escrutinio oficial, permitiendo a los individuos y grupos mantener el anonimato financiero, evitar impuestos y comerciar con productos básicos ilícitos.

Sin embargo, la mayor amenaza para blockchain podría venir no de los reguladores que buscan recuperar el control, sino del hashgraph, una estructura de datos basada en el algoritmo de Swirlds.

Este nuevo algoritmo de consenso también es una tecnología de libro mayor distribuido con su arquitectura de igual a igual, pero rectifica los defectos genéticos de su antigua cadena de bloques de hermanos, como la latencia, el desperdicio de energía, los gastos y la prueba de trabajo.

Hashgraph fue desarrollado por Leemon Baird en 2016.

Hedera Hashgraph, la nueva empresa fundada por Baird, afirma que hashgraph ofrece un "sello de tiempo de consenso" al tiempo que conserva la funcionalidad de blockchain, lo que lo convierte en un algoritmo más confiable que puede procesar hasta 2, 50,000 transacciones por segundo.

Esto está en marcado contraste con blockchain, que se limita a alrededor de tres a siete transacciones por segundo.

A diferencia de blockchain, que es una estructura de datos organizada en una serie de bloques interconectados, el hashgraph se compone de una cadena de eventos.

Un bloque consiste en una marca de tiempo, las transacciones que lo pertenecen, el hash del bloque y su predecesor.

En matemáticas, una función hash es una que mapea datos de tamaño arbitrario en un tamaño fijo.

Por ejemplo, una función de hash puede tomar datos que comprenden, por ejemplo, n caracteres y devolver su valor de hash que puede ser, digamos, 256 caracteres.

Para recuperar los datos originales que comprenden n caracteres, los procesadores deberán consultar una estructura de datos denominada tabla hash correspondiente a esa función.

Dado que el algoritmo se basa en la aleatoriedad, el tiempo necesario para descifrar la función hash es largo.

Además, la función hash consiste en múltiples rondas, lo que aumenta la complejidad.

En los hashgraphs, los datos se organizan en eventos, cada instancia contiene las transacciones asociadas con su marca de tiempo y el hash de ambos eventos principales que lo crearon.

Mientras que una cadena de bloques es una estructura de datos secuencial, los hashgraphs están organizados de manera más flexible en una red que comprende eventos creados por nodos de la red, que comunican el estado actual de la información.

Ambos son DLT, pero la diferencia radica en el hecho de que en una cadena de bloques, el nodo que es el más rápido para resolver el valor de hash relacionado con una transacción puede agregarse al bloque y reclamar su recompensa en Bitcoin o la moneda que se utiliza para la transacción.

Un punto en común entre blockchain y hashgraph en la forma en que propagan la información en una red es que se basan en el protocolo de chismes.

Esto implica que un nodo en la red transmite información con respecto a las transacciones a sus vecinos, enviando los códigos hash asociados con las transacciones a todos los nodos en la red.

A partir de entonces, se convierte en una carrera entre los nodos para resolver el complejo problema matemático, y el nodo victorioso se queda con una parte de la moneda.

Esto se llama prueba de trabajo.

Después de que el ganador se comunica con sus vecinos sobre su éxito, los otros nodos deben dejar de procesar el hash para esa transacción y pasar a la siguiente.

Antes de agregar un bloque a la cadena, se debe verificar la veracidad de la reclamación del nodo ganador para evitar la inserción de bloques de fraude y duplicados.

Hashgraph usa un protocolo de consenso que usa el historial de chismes para crear un gráfico dirigido.

Por ejemplo, cuando Alice recibe cotilleos de Bob con respecto a todo el historial de transacciones que conoce, crea un evento (rojo) que contiene un hash de los dos eventos principales: azul claro de Bob y azul oscuro que representa a su propio padre de la ronda anterior.

El consenso no requiere un sondeo ya que cada nodo miembro tiene una copia del hashgraph.

El orden de los mensajes se puede determinar a partir de la marca de tiempo, lo que permite el consenso.

De acuerdo con el protocolo, si hay n miembros (n> 1), cualquier evento puede repudiar su veracidad si puede ser visto por 2n / 3 eventos de otros miembros.

En la figura, hay n = 5 miembros, por lo que el menor entero mayor que 2n / 3 es 4.

Si los cuatro miembros (indicados como nodos naranjas) se pueden vincular directamente a un evento w (marcado en amarillo), indica que existe un consenso entre los miembros.

Por lo tanto, el algoritmo puede eliminar la confianza entre los miembros participantes cuando existe un déficit de confianza.

Esto lo hace exponencialmente más rápido que blockchain.

Bajo mantenimiento

En una cadena de bloques, si dos mineros crean dos bloques en disputa, se examina la prueba de trabajo y se descarta un bloque.

Esto se puede comparar con un árbol cuyas ramas están podadas y solo el tronco avanza hacia arriba.

En contraste, los hashgraphs retienen todos los contenedores (eventos) y se utilizan para llegar a un consenso.

Las cadenas de bloques no pueden soportar el brote rápido de nuevas ramas, ya que solo una rama puede aumentar el crecimiento del bloque.

Por lo tanto, se necesita una prueba de trabajo o algún otro mecanismo para ralentizar artificialmente el crecimiento, lo que lleva a la latencia en la autenticación de las transacciones.

Pros y contras de hashgraph

Equidad: en blockchain, el orden de las transacciones depende del orden en que los mineros procesan la información y la agregan al bloque.

Es vulnerable a la bifurcación y demora dependiendo de los caprichos de los mineros que pueden manipular el orden en que se agregan las transacciones al bloque.

Sin embargo, dado que el hashgraph se basa en el consenso, es más rápido y el orden de las transacciones es cronológico según la marca de tiempo.

Velocidad: Hashgraphs están limitados solo por el ancho de banda.

Todos los nodos miembros están conectados a la red y el libro mayor distribuido se actualiza simultáneamente.

Si el miembro con la conexión de banda ancha más lenta puede descargar información sobre 5,000 transacciones por segundo, el sistema puede procesar y validar transacciones a esa velocidad.

Probabilidad: una vez que ocurre un evento, todos los miembros lo conocen, ya que se propaga a través de la red.

Los eventos creados por otros miembros pueden incorporar los efectos de los chismes de los eventos vecinos con respecto al orden de las transacciones antes de aceptarlos o repudiarlos al pasar a la siguiente ronda.

A medida que el gráfico avanza, solo los eventos más externos contienen información de transacciones, lo que libera espacio de eventos anteriores.

Se estima que la cantidad de almacenamiento requerido para mantener los libros de contabilidad en vivo para hashgraph usaría menos de un gigabyte (GB) de espacio, en comparación con los 60 GB necesarios para ejecutar el software blockchain.

Bizantino: este término significa que ningún miembro puede impedir que la comunidad llegue a un consenso.

También prohíbe que se perturbe el consenso.

La mayor ventaja que tiene hashgraph sobre blockchain es que garantiza el acuerdo bizantino.

La arquitectura de blockchain está organizada de tal manera que los mineros se encasillan en cajas, y el avance del bloque depende de la potencia de cálculo de los nodos participantes.

En tal escenario, los mineros pueden explotar la superioridad de su hardware para guiar o detener el progreso del bloque.

No autorizado: tanto blockchain como hashgraph son de código abierto, pero solo blockchain es un sistema abierto.

Un sistema no autorizado es aquel en el que solo pueden participar miembros de confianza.

Hashgraph evita el tiempo y la potencia de cómputo requeridos para la prueba de trabajo al garantizar que solo los miembros de confianza puedan ingresar a la red.

Si bien es resistente a los ataques de Denegación de Servicio (DoS) y otros comportamientos divergentes por parte de los miembros participantes, los sacrificios de hashgraph en el frente de apertura.

Las próximas criptomonedas basadas en hashgraph deberán registrarse con Hedera Hashgraph y también solicitar tokens para los proveedores que aceptan monedas virtuales que ejecutan el algoritmo de hashgraph.

Si bien es una versión más robusta de blockchain que dará a los reguladores motivos para animar, ya que está dentro del ámbito de una entidad registrada, queda por ver si las ventajas operacionales de hashgraph superarán su entorno no autorizado que podría alejar el comercio En la economía clandestina.

El foco en el espacio del libro mayor distribuido hasta la fecha se centra principalmente en blockchain.

Sin embargo, las blockchains vienen con limitaciones por diseño.

Los mecanismos de consenso que utilizan la prueba de trabajo (POW, por sus siglas en inglés) son por su naturaleza lentos, por lo que la comunidad puede llegar a un acuerdo y desechar los bloqueos en los que no está de acuerdo.

Este diseño también incluye ineficiencias inherentes, como el consumo de electricidad descartado en bloques obsoletos.

Las tecnologías de libro mayor distribuido visualizan un nuevo modelo de cómputo de igual a igual que podría ayudarnos a aprovechar el poder de cómputo como nunca antes.

A medida que nos alejamos del modelo de cálculo cliente-servidor, nos acercamos más a la realización de una nueva capa de confianza para Internet.

Esta transición aún está limitada por problemas difíciles que aún no se han resuelto en torno a la eficiencia, la escalabilidad y la interoperabilidad.

El algoritmo hashgraph, inventado por Leemon Baird, el cofundador y CTO de Swirlds, es un mecanismo de consenso basado en un algoritmo de votaciónvirtual combinado con el protocolo de chismes para lograr un consenso de manera rápida, justa, eficiente y segura.

Hoy, los fundadores de Swirlds, cuentan con un libro de contabilidad basado en permisos que utiliza el mecanismo de consenso hashgraph, lanzaron la plataforma Hedera Hashgraph, una empresa separada dedicada a desarrollar un libro mayor público basado en el hashgraph.

Hashgraph es una alternativa a blockchain: una tecnología de primera generación con severas restricciones en términos de velocidad, imparcialidad, costo y seguridad.

Un cuello de botella fundamental ha sido el rendimiento: cuántas aplicaciones hay que pueden ejecutarse en una base de datos que solo puede hacer 5 transacciones por segundo.

Hashgraph tiene como objetivo proporcionar los beneficios de blockchain como una tecnología de contabilidad distribuida sin las limitaciones.

Si bien muchos libros de contabilidad utilizan el protocolo de chismes, Baird combinó el protocolo de chismes en forma de chismes sobre chismes con un algoritmo de votación para llegar a un consenso de manera rápida y segura sin pruebas de trabajo.

El protocolo de chismes comparte información nueva que otros nodos no conocen, y el chisme sobre chismes incluye dónde se originó esa nueva información.

Cuando los mensajes nuevos incluyen el hash de los mensajes anteriores en uno, tiene el historial completo de quién habló con quién en la red y en qué orden.

Baird atestigua: Así que puedo adivinar cómo votaría, pero no necesita votar, por lo que puede llegar a un consenso de forma gratuita.

Es la forma más rápida conocida por la humanidad para enviar información.

El año pasado, hashgraph publicó pruebas de velocidad de cientos de miles de transacciones por segundo en el libro de contabilidad basado en permisos de Swirld.

Si bien es impresionante, no podría compararse bastante con los libros públicos, porque se conoce el número y la identidad de los nodos en una red basada en permisos.

Las grandes empresas en sectores como los servicios financieros y la gestión de la cadena de suministro están probando cada vez más la prueba de los conceptos de blockchain, pero su adopción está limitada por limitaciones como la velocidad de las transacciones.

Podemos procesar cientos de miles de transacciones por segundo en Hashgraph Hedera, en comparación con las cadenas de bloques de prueba como Bitcoin o la cadena de bloques de Ethereum que pueden hacer entre 5 y 7 transacciones por segundo.

Dado que el tiempo es una compensación entre el rendimiento, la latencia, el número de computadoras y la distribución geográfica, las pruebas demuestran estas compensaciones.

Por ejemplo, los resultados muestran que 30 computadoras pueden lograr 50k transacciones por segundo en 8 regiones globales en 3 segundos, o simplemente 1.5 segundos en 2k millas, o .75 segundos en una sola región.

Si la red Hedera puede lograr un consenso sobre el orden de las transacciones y las marcas de tiempo para las instancias distribuidas en los cinco continentes, y en un volumen de cientos de miles de transacciones por segundo en unos pocos segundos, entonces han superado las velocidades actuales de transacción de la red de Visa.

La plataforma Hedera Hashgraph está diseñada para abordar el mercado de aplicaciones distribuidas.

La visión de los fundadores proporciona tres conjuntos de servicios iniciales a medida que la plataforma evoluciona: la criptomoneda como un servicio para el soporte de micropagos nativos, el micro-almacenamiento en forma de un servicio de archivos distribuido que las aplicaciones pueden usar y los contratos: hay soporte para Solidity en la parte superior de la plataforma.

Los desarrolladores no necesitan una licencia para usar esta plataforma; necesitan la moneda de la plataforma.

Cuando realizan una llamada de API a uno de estos tres servicios, realizan un micropago a la compañía.

El modelo de ingresos aquí está recibiendo micropagos para las API a medida que se usan.

La forma en que se compensa es tomando estos micropagos para el uso de la API y dividiéndolos entre los nodos.

La estructura de gobierno de Hedera se basa en la estrategia de Visa para reunir a los bancos competidores para crear un esquema que los beneficie a todos, al tiempo que se asegura de que ningún miembro tenga más influencia que cualquier otro miembro.

El Consejo de Hedera Hashgraph estará compuesto por 39 miembros, incluyendo Swirlds, con igual poder de voto.

El consejo está diseñado para garantizar que la red nunca se bifurca.

Los miembros del consejo aún no se han anunciado.

Están reuniendo a un consejo de gobierno del conjunto de las 100 empresas más grandes del mundo por sector para proporcionar el gobierno de esta plataforma pública, lo que significa que elegirán una junta y subcomités que gestionen aspectos de la plataforma según su experiencia.

Si bien Swirlds no tiene mayor poder de voto que otros miembros del consejo, su licencia irrevocable autoriza el hashgraph a la plataforma Hedera Hashgraph y retiene una tarifa de licencia del 10% de los ingresos.

El marco técnico existente de la plataforma Hedera es capaz de combatir el lavado de dinero y conocer el cumplimiento de sus clientes para cumplir con las regulaciones gubernamentales en el sistema bancario actual.

El mecanismo de identidad de Opt-in Escrow le permite vincular identidades verificadas a carteras de criptomonedas.

El cumplimiento normativo combinado con una mayor seguridad y velocidad podría significar una gran victoria para las industrias financieras que buscan adoptar tecnología de contabilidad distribuida.

Con un libro público seguro y rápido, el futuro podría incluir micropagos y el juego distribuido a gran escala surgirá en un futuro próximo, y la intersección de la tecnología de libro mayor distribuido y la IA se intersectarán de nuevas maneras.

MZ, el creador de Game of War, será uno de los primeros en crear aplicaciones distribuidas sobre la plataforma Hedera Hashgraph.

¿Puede hashgraph deshabilitar a blockchain como la tecnología preferida para las criptomonedas?

Los expertos perciben el hashgraph como una tecnología prometedora y con menos limitaciones en comparación con blockchain.

Incluso cuando los individuos y las compañías están tratando de envolver sus cabezas y aprovechar las criptomonedas como bitcoin y ethereum y la tecnología subyacente llamada blockchain, un chico nuevo en el bloque llamado hashgraph está desafiando el dominio de blockchain: una tecnología de contabilidad distribuida. (DLT) que ha existido durante casi una década.

La nueva empresa estadounidense Hedera Hashgraph insiste en que, a diferencia de blockchain, el hashgraph puede proporcionar la velocidad necesaria para los juegos multijugador, las transacciones en el mercado de valores, los micropagos, las compras de alimentos y desde la aplicación.

Con blockchain, las instituciones financieras e incluso a las empresas manufactureras en India, cada participante tiene una copia de los datos del libro mayor que contiene las transacciones o cambios más recientes, lo que reduce la necesidad de establecer confianza utilizando métodos tradicionales.

Los Crypto-Ledgers de próxima generación eliminan el bloqueo de Blockchain.

Un grupo de uniones de crédito estadounidenses que buscaban reunir recursos consideraron las cadenas de bloques de Bitcoin y Ethereum para rastrear su negocio, pero terminaron seleccionando algo completamente distinto: hashgraph.

Hashgraph, al igual que la cadena de bloques de Bitcoin, es un libro de contabilidad distribuido, un registro en línea descentralizado de transacciones a las que pueden acceder varias partes.

Una vez que lanza una versión contable pública, los promotores dicen que el hashgraph debería ser una alternativa más rápida y económica a la cadena de bloques, pero las características que pueden hacer que el sistema más antiguo sea más lento y costoso también son las que atrajeron a los inversores en primer lugar.

Tecnologías como hashgraph, y IOTA y ByteBall similares, se basan en gráficos acíclicos dirigidos para rastrear información.

El DAG de Hashgraph registra la información en una serie cronometrada, de modo que el registro de cada transacción depende del orden de todas las transacciones anteriores de la serie.

En blockchain, solo existe un registro de una transacción.

Si dos mineros crean bloques al mismo tiempo, la comunidad elegirá la transacción con la que irá y volcará la otra.

En hashgraph, ninguna transacción es descartada.

Puede haber muchas sucursales en el registro de transacciones, y todas pueden continuar creciendo hasta que se pueda determinar un consenso.

Mercado de datos

Las nuevas redes pueden operar como mercados para grandes cantidades de datos, como lecturas de temperatura por segundo, o para realizar un seguimiento de millones de dispositivos conectados, juegos multijugador o transacciones bursátiles.

Todos los usuarios de un libro de contabilidad basado en DAG determinado confirman las transacciones entre sí en lugar de depender de mineros" externos.

El libro de contabilidad de Hashgraph no incluye las transacciones, mientras que la cadena de bloques de Bitcoin requiere que se empaqueten en bloques de 1 megabyte, que, durante días de gran tráfico, puede llevar días de trabajo de los mineros para confirmar y registrar.

Con hashgraph, cada usuario participa en la confirmación de transacciones, por lo que el proceso es más rápido y las transacciones se procesan a medida que se producen, lo que significa que cientos de miles pueden pasar en un segundo, en lugar de siete para la cadena de bloques de Bitcoin.

Y donde la cadena de bloques puede costar a los usuarios $ 55 por transacción, los costos de hashgraph son nominales.

Entonces, ¿por qué no todos se apresuran a comenzar un libro de contabilidad basado en DAG?
Primero, blockchain se beneficia de la incumbencia y la familiaridad.

¿Por qué arriesgarse a reemplazarlo con una tecnología menos probada cuyas vulnerabilidades no han sido identificadas?

Además, si bien puede retener tantos datos transaccionales como sea necesario, el hashgraph generalmente no contiene tanto historial transaccional como la cadena de bloques de Bitcoin.

Para muchas aplicaciones, hashgraph solo realizaría un seguimiento de los últimos saldos positivos de billetera de los usuarios.

En segundo lugar, el sistema DAG no involucra el esfuerzo de "prueba de trabajo" de cómputo pesado para verificar las transacciones que requieren algunas cadenas de bloques, como la cadena de bloques Bitcoin.

Tener a varios mineros ratificando y votando para aceptar una transacción otorga a blockchain lo que algunos dicen es un mayor grado de seguridad de que el libro de contabilidad contiene una única versión de la verdad que bajo los sistemas basados en DAG.

Hedera anunció planes para lanzar una nueva plataforma de moneda virtual en la segunda mitad de este año.

Hasta el momento, Hedera ha recaudado 18 millones en fondos de inversionistas acreditados, incluida la compañía de moneda criptográfica Digital Currency Group.

La plataforma Hedera Hashgraph, anteriormente conocida como Hashgraph, no se basa en una cadena de bloques, la tecnología que sustenta la mayoría de las redes criptográficas.

Utiliza un enfoque matemático diferente llamado gráfico acíclico dirigido (DAG).

El CEO Mance Harmon dice que podrá procesar cientos de miles de transacciones por segundo.

En comparación, Bitcoin normalmente procesa menos de 10 transacciones por segundo, y Ethereum generalmente procesa menos de 25.

Los cofundadores de Hedera, Mance Harmon y Leemon Baird, comenzaron a trabajar juntos en 1993 como parte de un equipo de cinco personas que construyó algoritmos de aprendizaje automático para la Fuerza Aérea de los EE. UU.

Harmon pasó a administrar un programa de software del gobierno de los EE. UU.

Para sistemas de defensa de misiles antes de fundar dos empresas de seguridad cibernética.

En 2015, él y Baird cofundaron Swirld, que construye cadenas de bloques privadas para grandes compañías, y comenzaron a trabajar en el hashgraph de Hedera el otoño pasado.

Baird, quien completó su doctorado en informática, Ph.D.

En Carnegie Mellon, en menos de tres años, inventó el algoritmo de Hedera.

Para Bitcoin y Ethereum, las velocidades de procesamiento lentas y las altas tarifas de transacción les han impedido ser una opción viable para manejar los pagos diarios.

Una transacción de bitcoin puede tardar 10 minutos en liquidarse, aunque los expertos sostienen que las velocidades de Bitcoin y Ethereum mejorarán drásticamente con las nuevas tecnologías que se colocarán en la parte superior, como la Red Lightning.

Comparan el estado actual de Bitcoin con los primeros días de Internet, cuando el acceso telefónico era lento, pero se agregaron tecnologías adicionales para realizar mejoras.

Hedera cree que puede llegar a ese destino más rápido y con tarifas de transacción muy bajas.

Si bien el software de Bitcoin está estructurado como una cadena o cadena de transacciones, Hedera hashgraph es un gráfico de transacciones que "pueden procesarse en paralelo, en lugar de linealmente", dice Harmon.

Eso significa que podemos admitir micro transacciones o micropagos de forma nativa.

Hedera también respaldará contratos inteligentes, código que desencadena una acción si se cumplen ciertos requisitos y que sirve como elemento vital de redes criptográficas como Ethereum y almacenamiento de archivos.

Otras plataformas criptográficas que utilizan el enfoque matemático de DAG son Byteball e IOTA.

El año pasado, los investigadores encontraron problemas de seguridad con IOTA, lo que llevó a una actualización de software.

Desde entonces, IOTA ha impugnado algunas de las afirmaciones de los investigadores.

Harmon dice que Hedera adopta un enfoque diferente para el consenso, la forma en que se finalizan las transacciones, en comparación con IOTA.

Dice que Hedera ha logrado una tolerancia de falla bizantina asíncrona, una característica de seguridad que significa que una red seguirá funcionando correctamente incluso si algunos de sus participantes intentan atacarla maliciosamente.

Alcanzado el estándar de oro para la seguridad.

La exactitud de todo el protocolo HashGraph parece depender de que cada participante sepa y esté de acuerdo con N, el número total de participantes en el sistema.

Este es un número difícil de determinar en un sistema distribuido abierto.

Todos los nodos en un momento dado saben cuántos nodos hay.

Hasta que el algoritmo de Hedera se probó en batalla en la realidad.

Es probable que sea demasiado pronto para decir si su seguridad cumplirá con un estándar de oro.

Otro aspecto único de Hedera es su enfoque de la supervisión corporativa.

Harmon dice que ha reclutado a 39 compañías de una amplia gama de industrias, incluidas grandes compañías de tecnología y bufetes de abogados, para que actúen como el consejo de gobierno global de Hedera.

Cada una de las 39 compañías, incluida la empresa de Swirlds de Harmon y Baird, será propietaria del 2.6% de Hedera y ayudará a la startup a tomar decisiones estratégicas.

Las otras compañías que formarán parte del consejo serán fichas azules globales.

Este consejo agregará legitimidad a Hedera y lo ayudará a obtener la adopción general.

Hedera Hashgraph deriva su nombre de un algoritmo.

Se basa en la tecnología de consenso de hashgraph que sortea la gran compensación relacionada con blockchain, la tecnología fundamental detrás de la criptomoneda.

Blockchain puede ser rápido pero no seguro, o seguro y lento.

Hedera Hashgraph tiene como objetivo construir una alternativa de cadena de bloques rápida y segura.

Este no es un tema fascinante para muchas personas, pero puede sorprenderle saber que la compañía recaudó tantos millones de dólares en muy poco tiempo, cuestión de minutos.

Recaudó el dinero a través de una ico, venta de fichas de inversionistas institucionales, y Hedera usará el dinero para crear una nueva red de comercio basada en su tecnología de consenso de hashgraph.

Veremos a ver si esto se cumple con el paso de los años...